Robson Dias

Pelo Espírito Vovó Amália

Copyright © 1999 by
FEDERAÇÃO ESPÍRITA BRASILEIRA – FEB

5ª edição – Impressão pequenas tiragens – 10/2024

ISBN 978-85-7328-735-6

Todos os direitos reservados. Nenhuma parte desta publicação pode ser reproduzida, armazenada ou transmitida, total ou parcialmente, por quaisquer métodos ou processos, sem autorização do detentor do *copyright*.

SGAN 603 – Conjunto F – Avenida L2 Norte
70830-106 – Brasília (DF) – Brasil
www.febeditora.com.br
editorial@febnet.org.br
+55 61 2101 6161

Pedidos de livros à FEB
Comercial
Tel.: (61) 2101 6161 – comercial@febnet.org.br

Adquirindo esta obra, você está colaborando com as ações de assistência e promoção social da FEB e com o Movimento Espírita na divulgação do Evangelho de Jesus à luz do Espiritismo.

Dados Internacionais de Catalogação na Publicação (CIP)
(Federação Espírita Brasileira – Biblioteca de Obras Raras)

V973c   Vovó Amália (Espírito)

         A conchinha falante / pelo espírito Vovó Amália; [psicografado por] Robson Dias; [Ilustrações: Marcial de Ávila Júnior]. – 5. ed. – Impressão pequenas tiragens – Brasília: FEB, 2024.

         40 p.; Il. color.; 21cm – (Série: As histórias que a vovó gosta de contar...)

         ISBN 978-85-7328-735-6

         1. Literatura infantil espírita. 2. Obras psicografadas. I. Dias, Robson, 1968-. II. Ávila Junior, Marcial da Luz de. III. Federação Espírita Brasileira. IV. Título.

CDD 869.3
CDU 869.3
CDE 81.00.00

Algumas palavras:

As histórias vêm se constituindo, ao longo dos séculos, recursos dos mais empregados por todos os povos para transmitir cultura, conhecimento e valores às gerações. É uma forma suave, leve e descontraída de ensinar. Sobre as crianças, principalmente, as histórias exercem grande fascínio. Podem dar asas à imaginação, viajar pelo mundo encantado, realizar desejos imaginários e aprender com mais facilidade, uma vez que apreciem as lições transmitidas. Ouvir histórias deixa os corações e mentes ligados numa mesma emoção, condição propícia para a educação acontecer.

O diálogo que se desenvolve entre os nossos personagens mostra-nos como, no dia a dia, agimos da mesma forma que o macaquinho Emeus. Estamos sempre querendo mais e mais nos apropriar das coisas que estão à nossa volta, sem nos preocuparmos com as possíveis consequências do nosso egoísmo, dificultando a vida dos outros. Essa ânsia de possuir as coisas, de sermos proprietários de tudo, independentemente de ter, ou não, utilidade para nós, é o que caracteriza o EGOÍSMO, um dos grandes males da humanidade. Ele gera inveja, ciúme, provoca brigas e desentendimento entre as pessoas. Muitos pensam que a felicidade está ligada às coisas materiais, o que é um grande engano. Ao analisarmos a conversa entre Emeus e Aluminosa, percebemos que ela procura mostrar a ele que a FELICIDADE não é construída de fora para dentro, mas sim, de dentro para fora. A FELICIDADE é uma decorrência do bem e da alegria que proporcionamos ao próximo, exatamente o contrário do EGOÍSMO, que gera o orgulho, a ambição, a cupidez, que a cada momento magoam nosso semelhante e nos tornam permanentemente insatisfeitos. A FELICIDADE jamais se expressa em regime de solidão, de individualismo, de egocentrismo, ela produz sensação de leveza, paz e harmonia. FELICIDADE é que sentimos ao praticar uma boa ação, tornar outra pessoa contente, alegre, cheia de esperança.

Você, professor, pode utilizar a estrutura dessa história para criar outras situações análogas. Pode também pedir às crianças que relatem momentos em que se sentiram felizes, não por ganhar alguma coisa, algum presente, mas por ter dado alguma coisa a alguém. Ao oferecer ao próximo algo significativo, como um sorriso, um abraço, um agradecimento, um cumprimento afetuoso, até um presente, sentimos a emoção de compartilhar, participar da mesma felicidade.

É importante aproveitar todas as situações para conduzir a criança à oportunidade de pensar, analisar, entender os verdadeiros valores que deverão passar a direcionar suas ações por toda a vida. E essa história é rica em colocações adequadas à reflexão e à reavaliação de posturas e comportamentos.

A ALEGRIA sentida por Emeus ao libertar sua amiguinha é altamente estimulante para o leitor infantil que busca, nos finais felizes das histórias, diretrizes para se autoconduzir ante as circunstâncias que a vida sempre oferece. Ao vencer o EGOÍSMO e proporcionar a Aluminosa o retorno ao mar e à vida, o macaquinho equivocado, personagem central dessa história, não só conquista uma verdadeira amizade, sem necessidade de possuir, aprisionar ou prender alguém, como faz a grande e maravilhosa descoberta da FELICIDADE, conquistada pelo próprio esforço, ao libertar-se do feio vício do EGOÍSMO.

Ana Maria Carneiro

Livro da série
As histórias que a vovó gosta de contar...

Em um lugar à beira-mar, denominado Praia das Conchas, os bichinhos da floresta gostavam de passear, observando a linda paisagem e, principalmente, as conchas coloridas deixadas na areia, numa enorme variedade de tamanhos e formatos que encantava a todos.

À tarde, Emeus, um jovem macaquinho ia até lá e pegava todas as conchinhas que conseguia. Escolhia as mais bonitas e as colocava em uma cestinha feita de cipó, para levar para casa.

Certo dia, viu uma linda conchinha perto de uma pedra. Quando se aproximou, ouviu uma voz:
— Olá... Como vai você?

Tomou o maior susto e deu um salto para trás.
— Quem está aí? — perguntou intrigado.

Chegando mais perto da conchinha percebeu que havia um bichinho dentro dela que, lhe dando um lindo sorriso disse:

— Olá, amiguinho! Eu me chamo Aluminosa, e você?

— Eu me chamo Emeus! — respondeu ainda meio assustado...

— Muito prazer, Emeus. O que você faz aqui?

— Eu pego estas conchas e as levo para casa.

Ela olhou dentro da cestinha e viu um monte de conchas.

— Emeus, para que você precisa de tanta casinha assim?

— Casinha? Onde?

— Sim, o que você tem aí na sua cesta podem ser casinhas que eu e meus familiares usamos. Sem elas morreríamos na boca de algum peixão guloso. E o que faz com elas?

— Nada! Só pego porque é bonito e quero ter para mim...

Aluminosa, que era muito esperta, percebeu que Emeus sofria de um mal muito grave que se chamava egoísmo. Ele recolhia as conchinhas sem cuidado, sem prestar atenção. Não verificava se a ostra, ainda viva, habitava a casinha que ele colecionava. Pensou em como poderia ajudá-lo. Deveria fazê-lo entender que estava agindo de forma errada. Pensou... pensou... e perguntou:

— Amiguinho, você acha o seu pelo bonito?

— Sim, eu o acho lindo! — respondeu com um salto.

— Eu também. Imagine se eu resolvesse arrancar todo ele e levar para minha casa. Você sentiria muito frio, não é mesmo? Isso é um mal que eu não desejo a você. Levando conchas para casa, com ostras vivas dentro, muitas iguais a mim morrerão, o que é um mal ainda maior...

Emeus ficou um pouco envergonhado, mas, maroto como era, mudou logo de assunto:
— Você quer conhecer minha casa? Tenho um quarto cheio de brinquedos.

— Com o maior prazer! — respondeu Aluminosa dando um lindo sorriso.

O macaquinho, não querendo dar o braço a torcer, resmungou:

— Também, não iam caber mesmo todas estas conchas e você na minha cesta. Vamos, então.

Emeus colocou Aluminosa na sua cestinha e foi correndo para casa.

Chegando lá foi direto para o seu quarto de brinquedos.
Tirou Aluminosa da cesta e ela ficou maravilhada!

— Puxa! Que quarto lindo você tem!

— Todos esses brinquedos são meus! — e pulava de um lado para outro jogando tudo para cima.

Ficaram os dois ali, Emeus fazendo algazarra, quando Aluminosa, que estava perto da janela, viu outros macaquinhos que pareciam estar tristes.

Ela ficou observando... observando... e perguntou:

— Emeus, você conhece aqueles macaquinhos?

— Quais? — correu até a janela para ver...

— Hummm... — fez uma cara feia — são meus vizinhos! Eles vieram aqui pedir que eu lhes emprestasse alguns de meus brinquedos e eu não emprestei nada! — falou com desprezo.

— Eles estão tão tristes! — falou, também, Aluminosa com tristeza.

— Mas, eu é que não vou emprestar nadinha para eles, eu não!

Aluminosa pensou: "O mal é mais sério do que eu havia imaginado. Como farei para auxiliá-lo?"

Percebeu que lá fora alguém cuidava das plantas. Dirigiu-se ao macaquinho e perguntou:

— Emeus, quem é aquela senhora que trata com carinho das plantas?

— É minha mãe.

— O que ela faz?

— Está regando as plantas, por quê?

Aluminosa ficou quieta por um tempo, olhando e pensando...

Tornou a perguntar:

— Por que sua mãe rega as plantas?

— Ora, amiguinha! — respondeu com superioridade. — Você não sabe que se não regar as plantas elas irão morrer?

Vendo que o nosso amiguinho estava atento, não demorou para passar a lição:

— Assim também são as nossas amizades, Emeus, se você não as regar com carinho e atenção elas irão murchar, como a planta que ficou lá, maltratada e sem água. Sua mãe oferece o que ela possui de melhor para as plantinhas. Elas também lhe respondem com o melhor, enfeitando, perfumando e alimentando a todos. Você deve fazer assim também com seus amiguinhos.

— Mas, se eu emprestar meus brinquedos para eles, o que ganho em troca?

— Eles ficarão felizes.

— Serão mais amigos?

— Não, você não entendeu.

Chegou o rostinho mais próximo ao dele e disse:

— Você não pode comprar o amor e a amizade com seus brinquedos. Você fica feliz com seus brinquedos e os vizinhos ficarão também. Se vierem a ser seus amigos por causa disso, ou não, é outra história. O certo é que se você fizer alguém feliz, você se sentirá muito feliz também, pode apostar. Independentemente de ele gostar ou não de você, entendeu?

— Bem, se eles não gostarem de mim, que vantagem levo nisso?

— Observe a sua mamãe... Às vezes, ela rega as plantas, faz tudo direitinho e mesmo assim algumas delas morrem, certo?

— É verdade...

— E nem por isso ela deixa de regar todas e está sempre feliz porque fez a sua parte. Assim também é com a amizade. Se você fizer tudo direitinho, fizer a sua parte e mesmo assim receber ingratidão, faça igual à sua mãe, continue oferecendo seu amor e atenção. Sabe por que ela faz isso?

— Não, por quê?

— Porque ela tem a certeza de que o pezinho doente irá florir novamente e, se isso não acontecer, nascerá um muito mais bonito no lugar.

— Estou entendendo o que você está falando, mas, não vejo vantagem alguma...
Nesse momento, ele olhou para sua amiguinha e viu que ela estava meio diferente.
— Aluminosa, o que está acontecendo com você?

— Bem, meu amigo, agora é hora de você colocar em prática tudo o que ouviu hoje.
— Como assim? — perguntou meio perturbado.

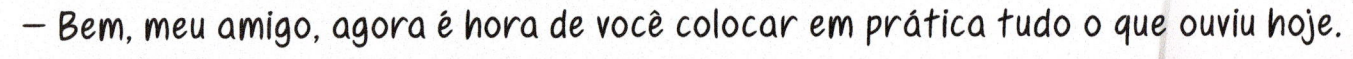

— Eu fiquei muito tempo longe do mar e não estou muito bem.

— Você está passando mal?

— Sim, e você deve me levar de volta, o mais rápido possível, senão acabarei morrendo.

— Entendo.

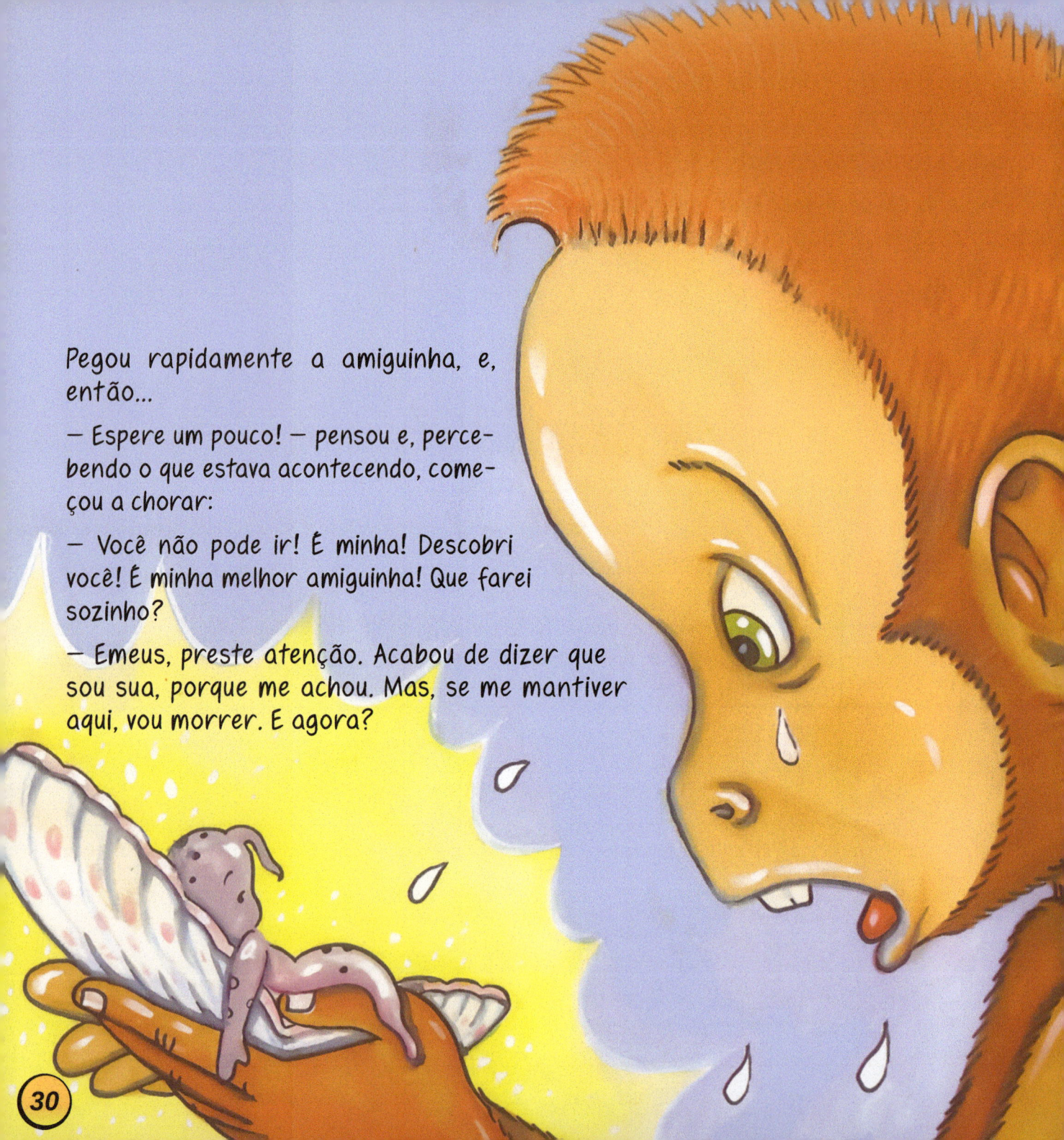

Pegou rapidamente a amiguinha, e, então...

— Espere um pouco! — pensou e, percebendo o que estava acontecendo, começou a chorar:

— Você não pode ir! É minha! Descobri você! É minha melhor amiguinha! Que farei sozinho?

— Emeus, preste atenção. Acabou de dizer que sou sua, porque me achou. Mas, se me mantiver aqui, vou morrer. E agora?

— Tudo o que temos, nossos amigos, brinquedos, nos alegram e enriquecem a vida, mas, em verdade, não nos pertencem. Dentre as conchinhas que você acumulou todo esse tempo, e ficaram jogadas em seu quarto, sem serventia, muitas continham ostras que vieram a morrer, por sua falta de responsabilidade e egoísmo.

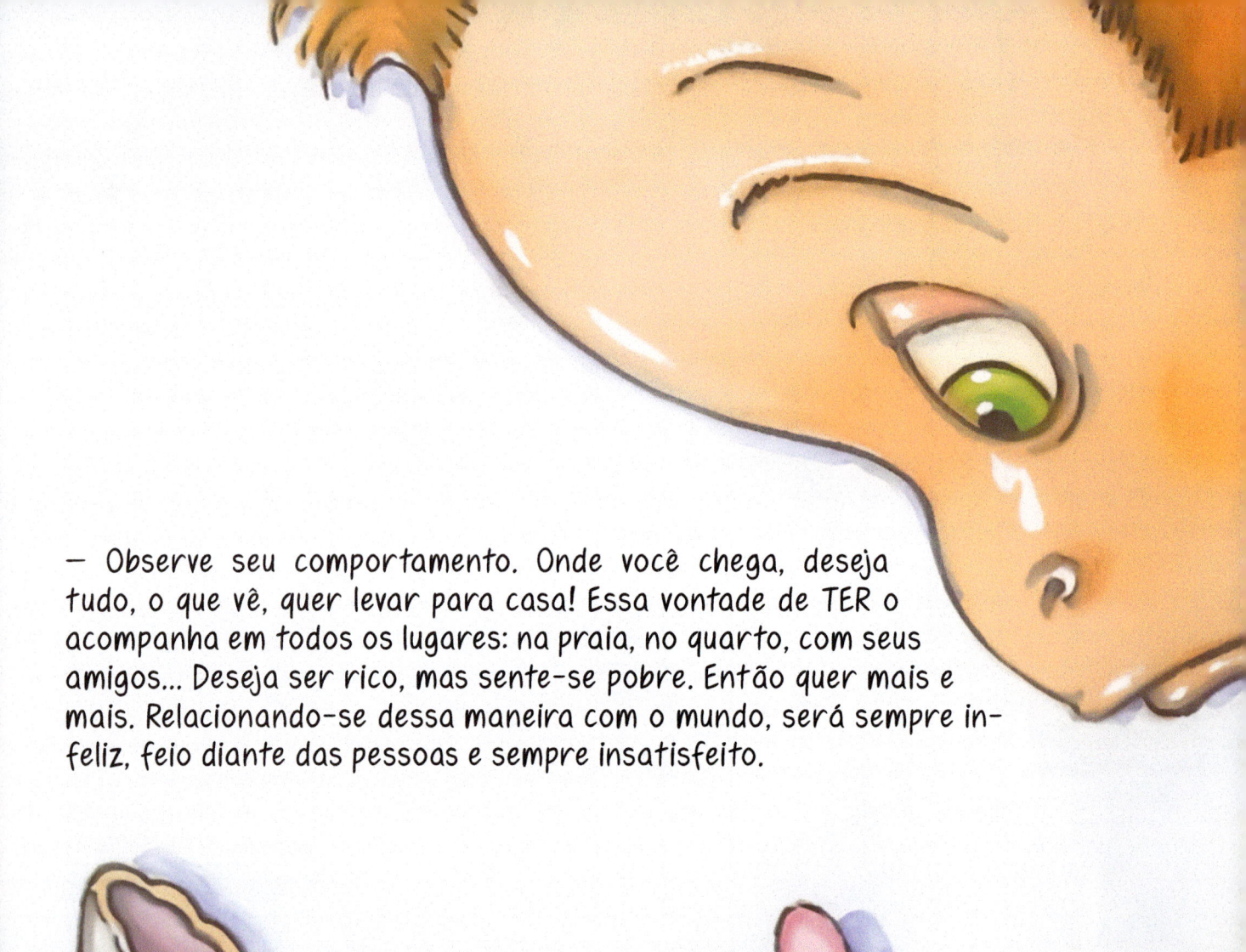

— Observe seu comportamento. Onde você chega, deseja tudo, o que vê, quer levar para casa! Essa vontade de TER o acompanha em todos os lugares: na praia, no quarto, com seus amigos... Deseja ser rico, mas sente-se pobre. Então quer mais e mais. Relacionando-se dessa maneira com o mundo, será sempre infeliz, feio diante das pessoas e sempre insatisfeito.

— Você tem em suas mãos a decisão sobre minha vida ou minha morte, mas a minha presença junto a você não é mais permitida.

Tentou dar um sorriso, mas já estava desfalecendo. Já não conseguia falar e começou a fechar lentamente os olhinhos.

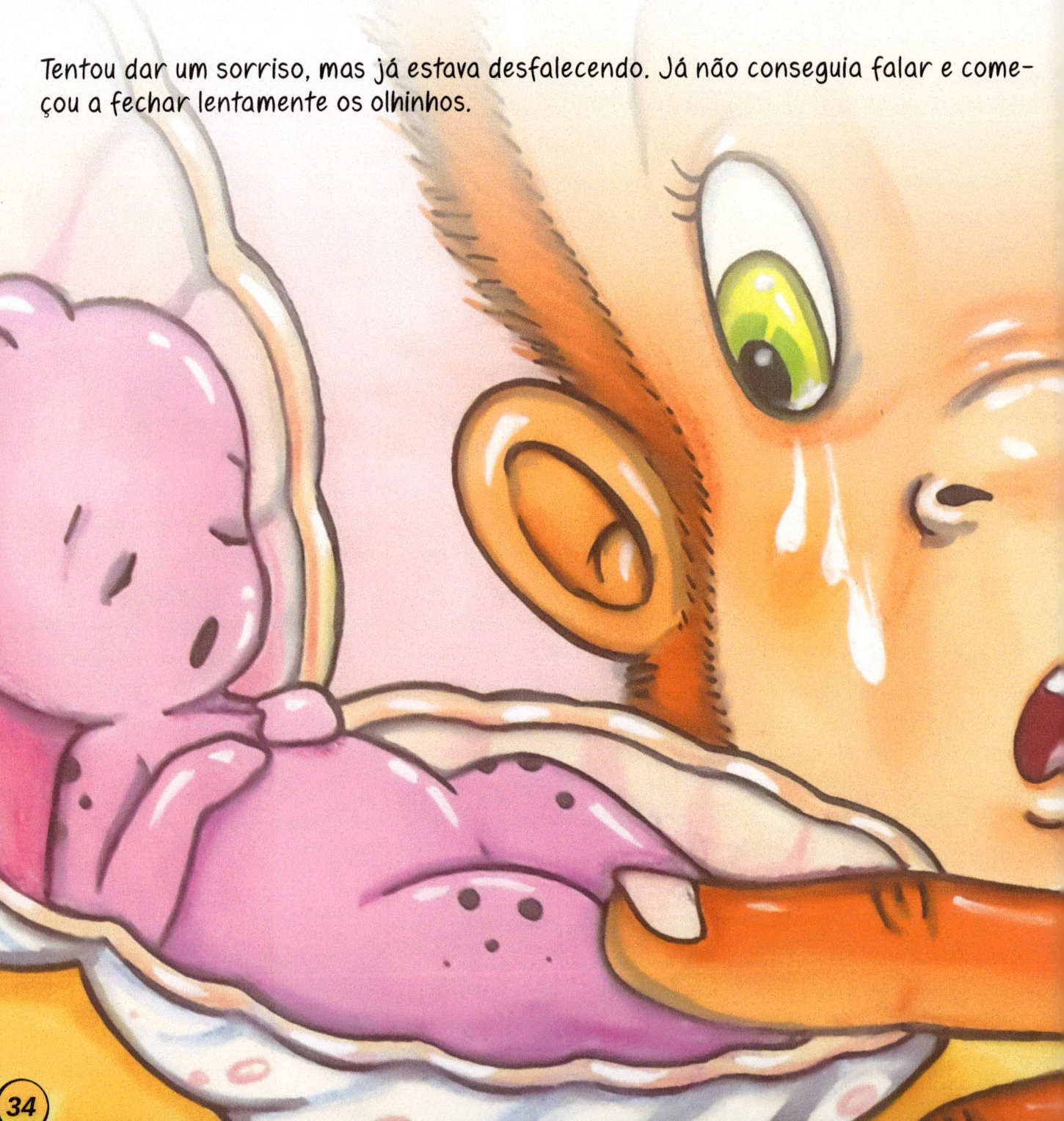

Percebendo que a situação estava crítica, Emeus pegou-a e saiu correndo em direção à praia. Chegando lá arremessou-a longe e ficou olhando, para ver se havia chegado a tempo de salvar sua amiguinha. Queria vê-la reanimada e feliz.

Ficou ali, esperando por alguns instantes, até que ouviu um grito:

— Emeus... Emeus!

Era Aluminosa, no meio de uma onda, acenando para ele.

Quando a viu, sentiu uma alegria tão grande, que pulava... e pulava...

Aluminosa percebeu o que acontecia. Observou que a alegria de Emeus era real; ele estava feliz porque a havia salvado. Vencera, afinal, o egoísmo.

Extremamente feliz também, Aluminosa falou-lhe:

— Você me fez feliz! Agora minha felicidade lhe pertence! Quando alegramos um coração, criamos vida ao nosso redor e nos sentimos repletos de amor, único sentimento que alegrará nossa alma. Volte para sua casa, amiguinho Emeus, e faça sempre o melhor que puder em favor de todos.

O macaquinho despediu-se da amiga. Não podia conter sua imensa alegria! Saiu pulando e cantarolando, pois nunca havia se sentido tão rico em toda a sua vida.

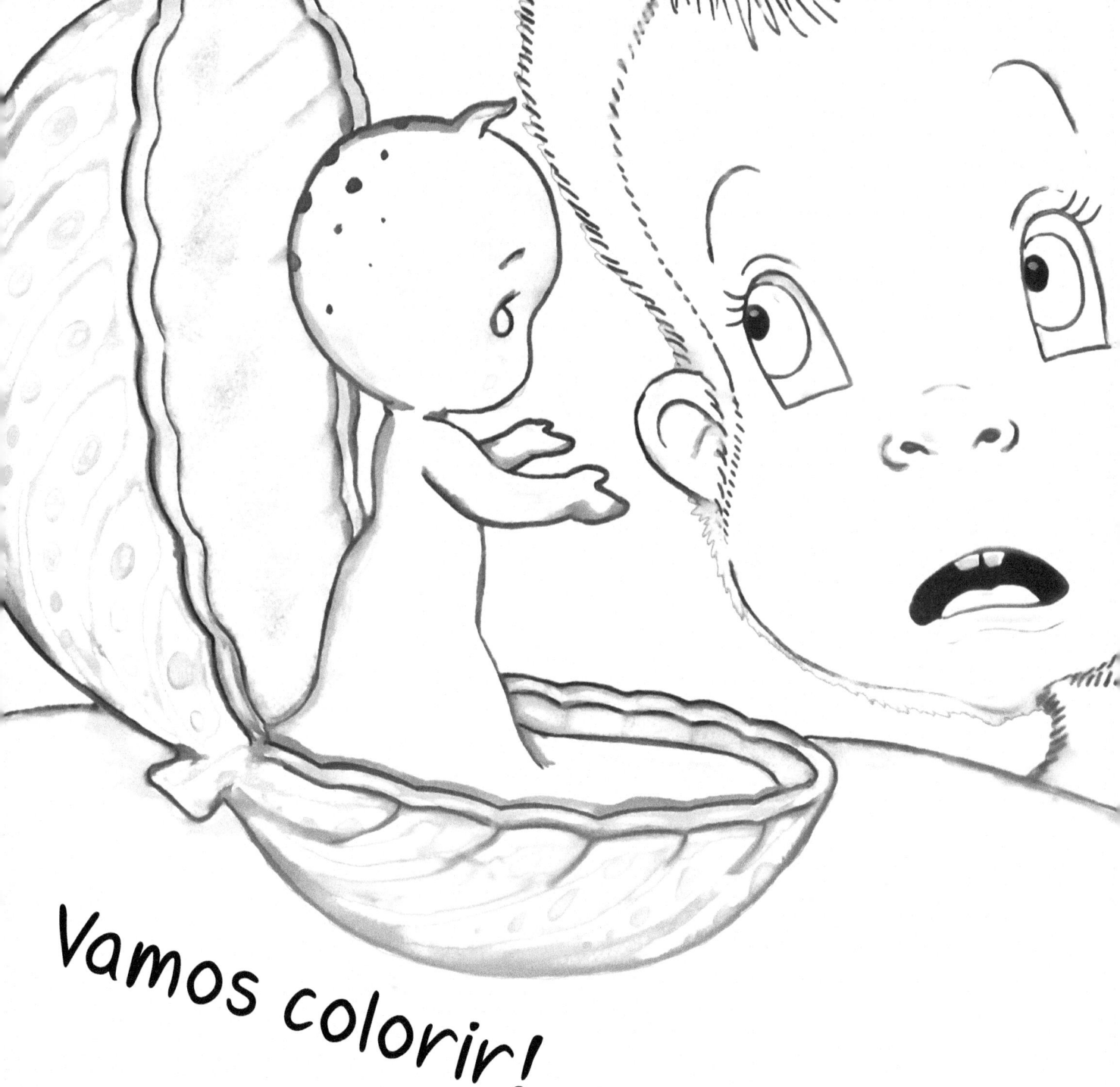

Conselho Editorial:
Carlos Roberto Campetti
Cirne Ferreira de Araújo
Evandro Noleto Bezerra
Geraldo Campetti Sobrinho – Coord. Editorial
Jorge Godinho Barreto Nery – Presidente
Maria de Lourdes Pereira de Oliveira
Miriam Lúcia Herrera Masotti Dusi

Produção Editorial:
Elizabete de Jesus Moreira

Revisão:
Elizabete de Jesus Moreira

Capa, Projeto Gráfico e Diagramação:
Isis F. de Albuquerque Cavalcante

Ilustrações:
Marcial da Luz de Ávila Júnior

Normalização Técnica:
Biblioteca de Obras Raras e Patrimônio do Livro

Esta edição foi impressa no sistema de Impressão pequenas tiragens, em formato fechado de 210x210 mm. Os papéis utilizados foram o Couche fosco 90 g/m² para o miolo e o Cartão 250 g/m² para a capa. O texto principal foi composto em fonte Fenario 14/17. Impresso no Brasil. *Presita en Brazilo.*